Ensemble

2065

LES INASSERMENTÉS

DISCOURS

DE

FÉLIX PYAT

CONSCIENCE — MOYENS — PRINCIPES

AUX OUVRIERS — AUX PAYSANS

AUX ÉLECTEURS

Prix : 40 centimes

PARIS
A. PANIS, LIBRAIRE-ÉDITEUR
52, RUE LAFAYETTE, 52

LES INASSERMENTÉS

DISCOURS DE FÉLIX PYAT

PARIS

IMPRIMERIE BALITOUT, QUESTROY ET Ce

7, rue Baillif et rue de Valois, 18

LES INASSERMENTÉS

DISCOURS

DE

FÉLIX PYAT

CONSCIENCE — MOYENS — PRINCIPES

AUX OUVRIERS — AUX PAYSANS

AUX ÉLECTEURS

Prix : 40 centimes

PARIS

A. PANIS, LIBRAIRE-ÉDITEUR

52, RUE LAFAYETTE, 52

LA CONSCIENCE

Paris, 30 octobre 1869.

L'avis que j'ai eu l'honneur de vous donner dans le *Rappel* et qui, indépendamment des moyens d'exécution et des noms à choisir, consiste à nommer obstinément quatre *inassermentés* aux prochaines élections de Paris, a précipité l'action du pouvoir personnel. Décidément, il ne veut pas vous donner le temps de vous concerter. Ce Fabius qui temporise si bien avec la chambre, brusque aujourd'hui l'élection, sauf, sans doute à réajourner la Chambre après.

Le *Rappel* étant une tribune ouverte à défaut de l'autre; tribune sans président, tribune d'accès libre à tous les hommes comme à tous les principes de la République; j'en use aujourd'hui pour vous dire une seconde fois : *Au nom de la conscience, point d'assermentés.*

L'inassermenté doit remplacer l'irréconciliable; ou plutôt le véritable irréconciliable est l'inassermenté; car c'est l'irréconciable par conscience.

Qu'est-ce que la conscience? L'équation des droits et des devoirs.

Je le disais hier dans la *Démocratie.*

Deux forces contraires, la centrifuge et la centripète, régissent le monde physique, et leur composition se nomme *gravitation.*

Deux forces contraires, individualisme et collectivisme, régissent le monde moral, et leur composition se nomme *conscience.*

Dans la mécanique céleste ou sociale, même loi. L'attraction lie la partie au tout et l'individu à la masse. Point de peuple sans ce lien.

Le lien social se subdivise en familial, religieux et civil; —les deux premiers contenus dans le troisième, inférieurs dans le supérieur, qui perd de plus en plus le signe de fatalité et de nature pour prendre le caractère de liberté et de contrat sous le grand nom de *conscience.*

La loi suprême, générale, éternelle de sociétés; c'est donc la Conscience.

C'est-à-dire le principe de la plus haute vie humaine, notre titre de noblesse, notre premier grade en civilisation.

Sans la conscience, vie infime ou infecte, l'embryon ou le cadavre.

Avec la conscience, Démocratie et République, les peuples vivants!

La Grèce républicaine, en perdant sa conscience amphyctionique, vit son peuple se dissoudre et tomber aux mains d'Alexandre.

La Rome républicaine, en perdant sa conscience capitoline, vit son peuple se dissoudre et tomber aux mains de César.

La France républicaine, en perdant sa conscience jacobine, vit son peuple se dissoudre et tomber aux mains de Bonaparte.

Comme Athènes et Rome sont restées sous leurs maîtres, Paris restera-t-il sous le sien?

Question de vie ou de mort.

La France ne peut plus vivre de la foi de famille, qui suffit au clan; ni de la foi religieuse qui suffit au moyen-âge. Elle a besoin, dans sa phase civile, de la foi morale.

Et après trois révolutions faites au nom du droit, elle contemple aujourd'hui Troppmann sur la sellette et Bonaparte sur le trône. Elle fait justice de l'un et jure fidélité à l'autre. Au premier l'échafaud, au second l'apothéose!

Et Bonaparte réduit la France, à force de *merveilles*, à ce dilemme :

La conscience ou la vie!

L'honneur ou la vie!

Elle doit frapper ou ruser comme lui : beau modèle!

Elle doit combattre en face ou en Jarnac!

Oui, tout Français doit se déshonorer et se suicider comme Judas ou lutter comme Spartacus. Il faut en prendre son parti.

L'Anglais, notre aîné en révolutions, reproche à la France ses séditions perpétuelles. Il en parle à son aise. Il a eu la chance de jeter l'ancre sur le sol du pacte; et, si l'Angleterre n'est pas encore gouvernée par la meilleure partie d'elle-même, elle ne l'est pas, du moins, par la pire. Sa loi est contrat et non contrainte. Sa reine n'a violé ni pacte public ni foi morale

La France, c'est différent; elle n'a d'issue honnête que la Révolution.

Sous l'empire, la question pour elle est de savoir si la pire partie d'elle-même doit gouverner la meilleure; si la force brutale est au-dessus de la force morale et si le prébiscite est au-dessus de la conscience.

Esprit ou matière, n'importe! nul ne peut nier la fonction, le fait de la conscience. C'est la faculté typique de l'homme, celle qui lui permet de reconnaître et de pratiquer le juste. La conscience, pour l'appeler par son nom populaire, c'est le sens moral.

L'homme perçoit donc la justice par le sens moral, comme la vérité par le sens intellectuel, comme la lumière par le sens physique. Mêmes facultés naturelles; et, comme toute faculté, la conscience hausse ou baisse selon l'usage qu'on en fait.

L'exercice règle l'organe. Le chasseur a le coup d'œil du sauvage, le penseur la ride socratique, le canut le tact féminin; mais le forgeron, à force de toucher le fer, durillonne sa main; l'avocat, à force de manier le sophisme, durillonne sa raison, et le député, à force de prêter serment, durillonne sa conscience.

Là est le danger public, l'obscurcissement de,

la notion du juste, la perte de la vue du droit.

Alors, plus moyen de sentir le bien. Le député assermenté perd peu à peu le sens moral, et, comme il se recrute d'ordinaire au barreau, il n'a pas plus le sens intellectuel. Après le prêtre qui est la fausseté permanente, et le soldat, l'anti-conscience, c'est peut-être le métier qui donne le plus d'entorse à la raison comme à la conscience humaines.

Par l'habitude de plaider le pour et le contre, d'éluder la loi, d'altérer le fait et d'atténuer le tort, — l'idéal de l'art consistant à gagner non les bonnes causes, mais les mauvaises, — l'avocat est le bois dont on fait les députés assermentés.

Voyez combien d'avocats dans la gauche! et de tout temps ainsi, dans la comédie des quinze ans comme dans celle des vingt ans, depuis Me Favre jusqu'à Me Barrot, depuis l'avocat de la loi athée terminant par la guerre de Rome jusqu'à l'avocat des principes de 89 plaidant contre les familles pour les couvents!

Voyez aussi par quelle pente insensible et fatale ils glissent sur cette planche grasse du serment! De la révolution à l'opposition et même à la trahison, comme Me Ollivier! Sans boussole, à la dérive, pendant la tourmente, voyez comme d'assermentés ils deviennent peu à peu officiels, puis ministériels, candidats irréconciliables au premier tour, et candidats impériaux au second, proposés par la presse libérale, acceptés par la presse dynastique, Gracques changés en Savard !

Voyez enfin comme, dans cette chute sans fond, leur action s'ajuste à leur opposition, forcés qu'ils sont par le serment d'appeler *factieux* ceux qui s'arment pour défendre le droit, et *légitimes* ceux qui s'arment pour l'enfreindre ! Forcés par leur serment de soutenir l'honneur du drapeau engagé au Mexique !

Oui, le premier avocat de cette gauche, qui n'a pas soutenu l'honneur de la Chambre contre le message, a soutenu l'honneur du drapeau engagé à Mexico ! Alors il faut soutenir l'honneur du drapeau engagé à Paris, à Aubin ! Voyez où mène l'honneur du drapeau : à la complicité de... Décembre !

Il est temps de revenir au drapeau de l'honneur.

L'honneur de l'humanité, l'honneur de la nation humaine par excellence, l'honneur de la France démocratique, *c'est la conscience !* Et c'est le salut comme l'honneur.

Franchise est française, la langue le dit.

Nos gouvernements ont dégradé et compromis notre nation, parce qu'ils nous ont toujours été étrangers. — *Paris vaut bien une messe*, a dit le premier Bourbon, un Basque. Le mot nous a coûté les Dragonnades ! — *Paris vaut bien un parjure*, a dit le premier Bonaparte, un Corse. Le mot nous a valu les coups d'État !

Le calus sur la conscience française, planté par Henri IV, a fleuri sous Napoléon. L'apostat a commencé, le parjure a fini. Morale de Jésuite, foi d'Escobar, loi de Machiavel, la fin justifie les moyens! Nous ne sommes ni les fils des croisés, ni les fils de Voltaire; nous sommes les fils de Tartuffe, nourris du lait ultramontain, qui a tué l'Italie et l'Espagne et qui tue la France, malgré sa philosophie, malgré Rousseau, lui donnant liberté et contrat! Nous n'avons ni langue, ni culte, ni code en propre, tout italien et nous perdons la conscience.

Après avoir subi la Médicis et la Ligue, le Mazarin et la Fronde, et les pires Italiens : Brumaire et Décembre, nous voilà à ne plus nous reconnaître sous notre faux air latin et romain; faux empire, faux sénat, faux tribuns, faux bronze et faux marbre, aigle de paille et César de plâtre, tout postiche et pastiche, momies et ombres, danse d'Holbein, la mascarade de la mort.

La voix de l'exil a jeté le cri de la conscience dans cette Macabre, et la vraie France a répondu; Paris et la province n'ont eu qu'un écho. *Plus d'assermentés! Des inassermentés!* Plus de serment au parjure, au responsable, à l'accusé!

Aujourd'hui, 26 octobre, il n'y a plus ni empire, ni constitution, ni députés. Décembre retombe dans l'arbitraire pur et simple. Après vingt ans, revenu au lancé, violation de la loi... de sa propre loi!

Le peuple remonte donc à son droit souverain; redevient constituant. L'empire est à l'état de révolte et le peuple est à l'état de gouvernement. L'empire est hors la loi.

Le peuple, dans sa souveraineté plénière, peut et doit nommer des représentants *inassermentés*. Il peut et doit lier par un contrat les électeurs et les élus à l'œuvre de la Révolution. Il peut même, s'il le veut, refuser l'impôt, le service, l'obéissance, le travail ; quitter, comme en juillet, ateliers et chantiers, fabriques et boutiques : grève générale, jusqu'à ce que ses droits soient reconnus et ses élus admis... Faux, le peuple est faible. Droit, il sera fort. Franc, il sera libre, il sera maître. Conscience est force. Pureté est dureté. Les barricades ne se font pas avec de la boue. Il faut le pavé. Après la Révolution des droits, en 89, après la Révolution du mépris, en 48, le peuple fera enfin, en 69, la Révolution de la conscience.

LES MOYENS

Pendant que l'Angleterre nous prend nos principes, notre idéal, notre drapeau et notre *Marseillaise,* prenons lui ses moyens pratiques, son mode positif, son esprit d'application et de résistance. C'est là du vrai libre-échange dont chacun profitera. Le traité de commerce ne doit pas être tout coton; il comporte aussi l'idée. Et l'exil n'eût-il servi qu'à mieux faire connaître les deux peuples l'un à l'autre, qu'il aurait encore eu son utilité.

La première fois que l'Anglais vit notre drapeau républicain, derrière une victime inamnistiée de Décembre, le premier proscrit mort que nous enterrions à Londres, il le railla. La seconde fois il le salua. Et maintenant il l'arbore.

De même, pour nous, en voyant la patience

et la constance de ce peuple, l'effort *passif* de sa résistance pratique, nous avons souri d'abord et puis envié.

Il y a entre les deux peuples la même différence qu'entre le cheval et le bœuf. Nous avons le coup de collier ; ils ont l'effort continu. Nous nous arrêtons parfois et nous reculons même ; ils avancent toujours. Imitons-les.

L'épreuve par où passe un peuple, éclaire l'autre, s'il veut voir. Voyons !

Quand j'ai proposé au souverain, comme un remède au mal du parjure impérial, le principe de la conscience humaine, — quand j'ai proposé à Sa Majesté le Peuple l'urne sans double fond, la sincérité comme la souveraineté de l'élection, j'avais réservé naturellement le moyen d'appliquer le principe.

Le Rappel m'a dévancé quelque peu, en répondant tout d'abord à l'objection des bulletins annulés. Il a montré très-clairement que les bulletins inconstitutionnels étaient pointés, recensés au dépouillement, annexés au procès-verbal, comptés et enregistrés par la presse. Inutile donc de recourir aux signatures, mesure superflue et même dangereuse à présent.

Cet aveu du vote, qui est l'honneur d'un pays libre, est un péril sous un régime servile. Il ne convient qu'à l'électeur dans une pleine indépendance de caractère et de fortune ; il met l'homme entre son intérêt et son devoir. Tu ne tenteras pas ton Dieu, à plus forte raison l'homme !

Mon ami Louis Blanc, qui propose ce moyen, trop honnête pour être possible sous l'empire, sait bien qu'en Angleterre, d'où il l'envoie, les libéraux eux-mêmes n'en veulent plus et réclament à la place le *ballot* ou vote secret. Or, si le vote public est dangereux même sous le gouvernement de la reine, combien plus sous celui de l'empereur?

On objecte, maintenant, le partage des voix d'opposition entre les candidats assermentés et les inassermentés, et l'on craint que cette division ne profite aux candidats officiels.

Puisqu'un exemple de l'Angleterre vient de nous servir contre la première objection, citons-en un autre contre la dernière. Poursuivons notre politique comparée.

Après la Réforme, cette grande mesure ayant élargi le droit de vote, le peuple de Manchester se souvint d'un homme de talent et de vertu qui avait lutté et souffert pour la cause du droit, un des chefs chartistes et réformistes, notre regrettable ami Ernest Jones. Le peuple, dans sa reconnaissance, voulut enfin le faire député au Parlement. Un nombre d'électeurs moins extrêmes choisirent un candidat libéral, ancien député et ancien ministre qui avait soutenu assez et voté la Réforme. On craignit donc aussi là que le partage des voix d'opposition entre le candidat radical et le libéral fit passer le candidat conservateur.

Que fit le peuple de Manchester?

Une élection préparatoire.

Il résolut de se compter d'abord pour se rallier ensuite à celui des deux opposants qui aurait le plus de voix. Liberté, puis discipline tout le génie anglais.

Un bureau fut établi, comme pour l'élection définitive; les électeurs votèrent avec le même zèle; et, le résultat du vote ayant donné la majorité à Jones, le chartiste eût été nommé député, si, le lendemain, la mort jalouse ne l'eût enlevé au peuple!

Pourquoi le peuple le plus ingénieux et le plus actif du monde aurait-il moins d'esprit de conduite que celui de Manchester?

Pourquoi, dans la circonscription de Paris où la majorité est douteuse, ne pas procéder de même par un vote préparatoire qui assurerait le vote définitif?

Supposons que, dans la quatrième circonscription, par exemple, les électeurs soient divisés sur le principes des deux candidatures d'opposition : eh bien! qu'ils se comptent au préalable, et que la majorité décide du résultat final.

Le peuple de Paris est assez grand garçon pour marcher seul comme un autre. Qu'il ait donc plus de confiance en lui-même, plus d'initiative et de volonté! Il est souverain, il est majeur; qu'il sorte de tutelle; qu'il ne subisse pas une autorité après l'autre, papisme, césarisme ou journalisme! Qu'il ne relève que de son libre arbitre; qu'il ne dépende de personne; qu'il prenne lui-même ses affaires en main, sans attendre le mot d'ordre, ni du prêtre, ni du prince, ni de la presse! Qu'il agisse en seul et vrai maître qu'il est!

Il s'étonne d'être trahi par ses mandataires assermentés! Ils se trahissent eux-mêmes, ou plutôt ils ne tiennent que trop bien leur serment au parjure modèle! A qui la faute? Comment croire à la prostituée avec de faux cheveux? Comment croire au député avec un faux serment?

Il est temps d'appliquer le vrai remède au mal, d'affirmer sincèrement la souveraineté du peuple dans le peuple et par le peuple, il ne peut y avoir deux souverains. On ne peut prêter serment à une constitution morte. Jamais, peut-être, en aucun temps de l'histoire de la France, occasion plus grave, plus critique et plus décisive ne s'est offerte au patriotisme de ses enfants. Jamais la vie de la nation n'a été plus compromise. Jamais le mal n'a requis à la fois plus de courage et de sagesse de la part des citoyens.

Peuple de Paris, tu as le sort de la France en tes mains! Tu vas décider si la France gardera ou rejettera le poison qui la tue depuis vingt ans! si elle descendra lentement à la vie sauvage, à la mort sociale! si par la corruption de sa propre conscience, elle s'en ira, faussée et baissée de plus en plus comme ses sœurs latines, l'Italie et l'Espagne, au niveau de la tombe... ou bien, si elle se relèvera dans sa droiture et sa vigueur, pour les relever avec elle!

C'est une question de vie ou de mort : que Paris sauve la France! que Paris sauve le monde!

Comment?

Que Paris constitue des comités électoraux

dans des circonscriptions vacantes; que ces comités s'adjoignent un délégué de chaque circonscription déjà représentée; qu'ils choisissent les candidats *les plus populaires et les plus énergiques,* ceux surtout qui s'offrent le moins!

Une parenthèse là-dessus! car c'est grave: l'honneur de représenter le peuple est difficile; et dans ce cas, plus que jamais. Celui qui s'offre doit être suspect, ou de ne pas comprendre la responsabilité, ou de ne vouloir pas la remplir. Ou c'est un fou, ou c'est pire. Le poids est tel qu'il faut l'imposer à ceux qui le fuient plutôt qu'à ceux qui le recherchent. Cela dit, continuons.

Que les comités choisissent les candidats librement, spontanément, sans les tenir d'un journal, pas plus que d'un préfet! Point de candidature officielle, surtout dans les inassermentés!

Que les comités lient par un contrat synallagmatique les élus aux électeurs; qu'ils fassent signer aux candidats l'engagement de se présenter au palais Bourbon, résolûment, avec ce mandat impératif:

Déchéance du pouvoir responsable et revendication de la souveraineté du peuple.

Et, cet engagement pris, qu'ils les nomment représentants.

Alors ces députés-là seront les représentants du peuple de Paris. Leur nomination sera la démission des autres. Ils seront les délégués de la majesté plénière, investis de la toute autorité de la capitale du pays.

Qu'arrivera-t-il?

Le 29 novembre, ils se présenteront pour remplir leur mandat.

De quelle façon?

Ou seuls, ou suivis par le peuple.

S'ils viennent seuls, ils frapperont à la porte du palais, requérant l'accusation du pouvoir responsable, du pouvoir violateur de toute loi. Repoussés, ils remettront solennellement la cause aux mains du peuple. Par une protestation collective, ils proclameront le pouvoir déchu, hors la loi; ils déclareront obligatoires le refus de l'impôt, du service militaire, de toute obéissance au rebelle, la grève de tout travail et de tout devoir, jusqu'à la reconnaissance du droit; bref l'appel à la résistance par tous les moyens de légitime défense, de par tous les droits de l'homme et du citoyen.

Si, au contraire, le peuple veut les suivre et enfoncer les portes avec eux: alors, c'est la résistance active; les députés se présentent à la tête du peuple, et tous font leur devoir.

Des deux moyens, quel est le meilleur?

J'aimerais mieux le premier.

L'empire est armé jusqu'aux dents. Il est prêt. Il attend. Il veut l'insurrection. Il la couve, il la choie, il l'invoque, la provoque et la convoque pour le 29 novembre. Refusons-la! Elle lui a déjà manqué le 26 octobre; qu'elle lui manque le 29 novembre! Refusons-la obstinément, autant qu'il la veut!

On nous a accusés d'ajourner l'insurrection : supprimons-la! Laissons-la lui pour compte!

qu'il en soit pour ses frais de blouses et de kiosques! Qu'il meure d'une émeute rentrée! Blocus au dedans comme au dehors! Au dehors, il ne peut se servir de son armée : l'Europe lui refuse la guerre. Au dedans, même tactique : refusons l'émeute! Refusons les *merveilles* au chassepot : la chair au canon! L'empire veut du cadavre : qu'il meure de faim! Il est altéré de sang : qu'il meure de soif!

Ayons ce courage; nous avons eu tous les autres! Ayons le courage civil, le plus noble, le plus rare et le seul qui nous manque! Essayons enfin celui-là! S'il est le plus difficile, il est le plus efficace. L'autre gagne la victoire, mais ne la garde pas. Celui-là sait la garder comme la gagner. Laissons l'offensive à la tyrannie, la liberté vaincra!

L'ennemi dispose de toutes les forces actives du pays : opposons-lui toutes les forces passives. L'arme au bras, de pied ferme, sur la défensive, attendons et soutenons l'attaque, s'il y a lieu! Faisons cette fois une révolution nouvelle et viable, non un plagiat sanglant et stérile, une révolution originale, sans précédent dans notre vie française, sans une goutte de sang, sans un coup de feu, sans *merveilles* et sans *glorieuses*, par la résistance passive des citoyens retranchés dans le droit.

Et, pour finir avec un troisième et dernier exemple du peuple anglais, souvenons-nous que le refus du nerf de la guerre, le refus de l'impôt, par Hampden et les autres puritains, a fait tomber la couronne et la tête du roi Charles Ier.

HUITIÈME CIRCONSCRIPTION ÉLECTORALE DE LA SEINE

COMITÉ DÉMOCRATIQUE SOCIALISTE DU FAUBOURG SAINT-ANTOINE

Réunion privée du passage du Génie, 14 novembre 1869

Président du bureau élu : Millière.

Assesseurs : Gustave Flourens et Ch.-L. Chassin.
Sténographe : Gromier.

LES PRINCIPES DE 89

Liberté, Egalité, Fraternité.

Citoyens,

Après vingt ans d'exil, je reviens au milieu de vous, avec le regret de vous avoir quittés et la joie de vous retrouver.

Mais, d'abord, laissez-moi remercier l'auguste souverain (mouvement) qui m'a rendu patrie, famille, amis; le souverain dont la volonté toute-puissante m'a rouvert les portes de la France (surprise); le souverain à qui je dois, pour ce bonheur, une reconnaissance éternelle, sa majesté, sa majesté... le peuple français. (Explosion d'applaudissements.)

Oui, c'est à lui, à lui seul, à son vote unanime aux dernières élections de Paris, que je dois l'amnistie, la grâce de vous revoir, de vous parler, et l'honneur de répondre à votre appel aujourd'hui. Encore un vote tout aussi unanime et plus décisif, et la proscrite reviendra comme le proscrit (mouvement); la République reviendra comme le Républicain, — amnistiée comme lui par le peuple souverain. (Bravo !)

A ce souverain seul je prête serment; à cette seule souveraineté inaliénable, imprescriptible, je jure fidélité.

Il y a deux sortes de souverains, comme deux sortes de candidats. L'empereur est le souverain des candidats assermentés. Le peuple est le souverain des inassermentés : c'est le mien. L'empereur est le souverain de l'opposition. Le peuple est le souverain de la Révolution : c'est le mien. Je ne reconnais que le souverain qui travaille. La souveraineté du peuple est pour moi le seul couronnement de l'édifice, de l'édifice basé sur les principes du droit, sur les principes de 89 : Liberté, Egalité, Fraternité. (Applaudissements.)

On parle toujours de ces principes : les comprend-on bien? J'en doute, depuis vingt ans du moins. Après trois révolutions faites pour ces principes, nous devrions bien les connaître : ils nous coûtent assez cher. Mais le souverain le plus spirituel du monde se paie souvent de mots. Voyons donc un peu les choses! Voyons ce que sont devenus ces principes par vingt ans de politique assermentée à l'autre souverain!

Qu'est-ce que la liberté?

Nos pères, qui s'y connaissaient, l'ont mise en tête de la formule, comme le premier principe générateur des deux autres; et, sans donner ici une définition scientifique, disons que la liberté est pour l'homme le droit d'exercer toutes ses facultés physiques, morales et mentales, droit de chacun bien entendu limité ou plutôt appuyé par le droit des autres. Car l'homme est né sociable, non pour diminuer, mais pour augmenter sa liberté.

Voilà le principe : voyons l'application.

Prenons la France et Paris la capitale de la France, et même, dit-on, du monde civilisé.

Supposons qu'un jeune homme, d'esprit élastique et pouvant se retourner, vienne à Paris pour y exercer librement ses facultés et y gagner sa vie, sur la foi des principes de 89.

Il s'abstient de politique, bien entendu! Sinon, supprimé.

Donc, il commence d'abord par être arrêté à la barrière, questionné, fouillé même au besoin, avant de passer l'octroi. — Défense d'entrer, même avec une mauviette, sans payer le droit à la liberté et aux principes de 89.

Il paie, il entre. Bien! que va-t-il faire? Ne mettons rien au pire; il a quelque argent; il est bon cocher; il achète cheval et voiture; et va se mettre à la disposition du public. Il conduira les gens librement à prix convenu. — Défendu, dit la police, c'est un monopole accordé à certains privilégiés par la liberté et les principes de 89. (Bravos et rires.)

— Exception, soit. L'exception confirme la règle, dit le jeune homme. J'ai bon pied, bon œil et probité; je vais porter librement les lettres à domicile. La poste fait de bonnes affaires, j'en ferai tout autant, au rabais, et sans infidélité. — Défendu, dit la police, au nom des principes; c'est encore un monopole du gouvernement. (Rires redoublés.)

— Ah!... j'ai quelques notions de chimie. Le tabac est un objet de consommation générale; le gouvernement y gagne en le vendant mauvais et cher. Je le vendrais bon et à meilleur marché. — Défendu, répond la police; encore et toujours un monopole du gouvernement.

— Alors, je vais faire de la poudre. — De la poudre, malheureux!... (Interruption, bravos.) Le gouvernement seul en fait, en use et abuse... C'est plus qu'un monopole; double délit, contravention et conspiration : défendu, défendu, défendu... (Applaudissements unanimes.)

— Décidément les principes de 89 deviennent impatientants. Dites-moi donc ce qui est permis, car vous me criez toujours : Défendu! (Rires.) Je suis intelligent, instruit; je lis bien, j'écris mieux. Je me fais auteur? — La censure. — Journaliste? — Premier avertissement. Il faut le cautionnement. — Pamphlétaire, alors? — Le timbre. — Imprimeur?... Maître? — Le brevet. — Ouvrier? — Le livret.. — Colporteur? — Le visa. — Quoi donc, encore? Retournons-nous. Cabaretier? — La licence. — Marchand? — La patente. — Professeur? — Le diplôme. — Courtier, agent de change, avocat, avoué, notaire, huissier, recors? — Il faut la charge. — Pas de sot métier : portefaix, décrotteur, alors? — La médaille. (Applaudissements, rires, trépignements.)

— Bref, rien de libre que... la police... au nom de la liberté et des principes de 89.

Enfin, à bout de liberté et de principes, notre jeune homme désespère et songe au suicide. Il veut se tuer et faire son cercueil. — Dernier avertissement, dernier monopole du gouvernement.

Heureusement qu'il a vingt ans et qu'il est conscrit. Sauvé! Le voilà condamné à neuf ans de principes forcés et de liberté militaire : 89 en uniforme. Dernier mot de la liberté! (Bravo! bravo!)

Voilà la liberté, et la prospérité de l'homme dans cette France et ce Paris qui a fait trois révolutions pour ce premier des droits. Partout arrêt de développement, entrave d'initiative, compression de la force vitale; étonnons-nous du déclin de la race française. Tout est défendu et... le reste permis. Paris même qui a inventé les principes, pour la peine n'a pas même la liberté d'élire son maire! Tel est, après vingt ans de politique assermentée, le résultat pour le premier des principes de 89 : la liberté. (Bravos prolongés.)

Passons au second principe, l'égalité.

Citoyens, avez-vous jamais vu, dans le corps humain, un organe, un membre, profitant sans mesure aux dépens des autres? Par exemple, dans la main, un seul doigt prenant toute la substance du reste, gros et gras comme un riche, parmi les autres maigres comme des pauvres? Non, n'est-ce pas? Et, si le hasard le voulait, ce serait une monstruosité. Nature, en effet, par une sage loi d'équilibre, distribue à chaque membre sa force proportionnelle à sa fonction. C'est ce qu'en physiologie on nomme balancement des organes; c'est ce qu'en socialisme on doit nommer loi de répartition, d'équité, de justice; en un mot, l'égalité. (Bravos.)

Eh bien! je vous le demande : où donc est l'égalité entre un Rothschild et un chiffonnier? Où est l'égalité entre la fortune et l'instruction d'une part, la misère et l'ignorance de l'autre? Entre l'habit et la blouse? le maître et l'ouvrier? le travail qui produit tout et ne jouit de rien, et le loisir qui ne produit rien et jouit de tout? Où est l'égalité entre les deux castes : l'une dessous, l'autre dessus? Où est l'égalité entre le fils du riche, né, comme dit le proverbe anglais, la cuillère d'argent dans la bouche, baptisé à l'eau chaude, mettant au premier cri le monde à contribution pour le nourrir, le vêtir, le loger et l'élever; grandissant dans le luxe héréditaire et accumulé; vivant dans toute sa Capoue matérielle et spirituelle, avec ses valets, ses maîtresses et ses bouffons; feu l'hiver, glace l'été; de la paille sous sa fenêtre, s'il souffre; bref, mourant comme il est né, dans la ouate, embaumé et béni dans le marbre; — où est l'égalité, je ne dis pas entre lui, je dis entre ses chevaux, repus et vêtus de flanelle, et l'enfant du pauvre, l'enfant du travail, né à l'hospice, vivant à l'atelier, mourant à l'hôpital, disséqué à l'amphithéâtre, exploité toute sa vie, de la naissance à la mort ; ouvrier, donnant sa sueur; soldat, son sang; mort, son cadavre à la science pour guérir le riche, qu'il sert ainsi jusqu'au delà du trépas... Dernier mot de l'égalité ! (Sensation prolongée.)

Ne parlons plus d'égalité. J'entends souvent dire : la France ne comprend pas la liberté ; mais l'égalité, c'est son fort. A la bonne heure ! L'une ne va pas sans l'autre. Combien faut-il de pauvres pour faire un riche? Presque autant que de sujets pour faire un roi ! Même question posée à la Science et à la Révolution. Le peuple la résoudra. (Oui ! oui !)

Tant que par la loi de balancement et de justice, le travailleur n'aura pas ce triple droit : le droit sur son produit tout entier, sans retenue, — le moyen de produire sans le capital, — et la liberté de produire sans brevet ni livret, — il n'y aura pas ombre d'égalité. Il y aura toujours deux castes : maîtres et esclaves; pas plus d'égalité que de liberté. (C'est cela ! Bravos.)

Tel est, après vingt ans de politique assermentée, le résultat pour le second principe de 89, l'égalité. (Nouvelle interruption. Bravos.)

Passons au troisième et dernier principe, la fraternité.

La fraternité : ce sera bientôt dit. Le maître

exclut le frère. Aimez-vous les uns les autres! Comment aimer son maître? Notre ennemi, c'est notre maître. Le loup n'est pas le frère de l'agneau, et s'il l'aime... c'est pour le manger. (Rires approbateurs.)

Qu'est-ce que la fraternité du cannibale, de l'exploiteur, qui est le cannibale policé? Qu'est-ce que la fraternité armée jusqu'aux dents, en France et en Europe? La fraternité de la baïonnette et de la guillotine? La fraternité de la mitrailleuse et du chassepot? des merveilles de Mentana et de Mexico? La fraternité du soldat et du prêtre, qui tue et qui damne? La fraternité, non du pain, mais du plomb? La fraternité qui ôte la parole au travail et la donne au canon? La fraternité de Judas et de Caïn? La fraternité de Décembre et de Cayenne? de Paris et de Rome? de Ricamarie et d'Aubin? (Bravos enthousiastes.)

Tel est, après vingt ans de politique assermentée, le résultat pour le troisième et dernier principe de 89, la fraternité.

Ainsi donc, après trois révolutions, faites et refaites au nom de ces principes, pas un abus détruit qui n'ait repoussé, double et triple. Pour le roi, l'empereur. Pour le duc de Montmorency, le duc de Persigny. Pour la soutane de Fénelon, celle de Dupanloup. Pour les cent-suisses, les cent-gardes. Pour les douanes, les octrois. Pour les lettres de cachet, les mandats d'amener. Et, tout près d'ici, pour la Bastille... (Toute la salle crie : Mazas! Mazas! Nous le démolirons aussi!) Enfin, avant la Révolution, il y avait vingt-sept bourreaux, vingt-sept de trop! aujourd'hui il y en a quatre-vingt-neuf. Dernier mot de la fraternité!

Pourquoi donc cette contradiction entre les mots et les choses? C'est parce que, depuis vingt ans, le règne du parjure a confondu en nous le sens commun comme le sens moral; parce qu'il nous a fait perdre la raison avec la conscience, le courage avec la franchise et la tête avec le cœur.

Sortons, sortons vite de cette atmosphère impure de fiction et de fraude, de faux serments et de fausses paroles, de mensonge et de parjure. La France s'y meurt! Ouvrez vite! ouvrez, citoyens! De l'air! de l'air pur! Vérité! moralité! (Bravos.)

J'ai dit : *Citoyens*. Ce noble titre, nous l'avons, nous proscrits, gardé fidèlement en exil. Faudra-t-il donc l'abdiquer en France? (Non! non!) Eh bien! croyez-en, non pas un candidat, mais un homme parlant à des hommes, nous ne pouvons le porter qu'en étant libres, égaux et frères, c'est-à-dire souverains. (Nous le serons! Bravos.) Autrement, nous ne serions que des esclaves, et les pires de tous, des esclaves assermentés! Les nègres ne prêtent pas serment à leurs fers! (Nous briserons les nôtres!)

Peuple du faubourg! du grand faubourg! du faubourg de la Révolution! du faubourg de la Bastille! du faubourg de Santerre et de Baudin! tu as gagné trois fois en ta vie ce titre de citoyen au prix de ton sang. Mérite-le une dernière fois par ton vote. Ton vote va condamner ou absoudre la vie de la France! Ton vote va condamner ou absoudre la souveraineté du peuple! Ton vote va condamner ou absoudre la conscience humaine !

Vote pour les inassermentés. (Oui ! oui ! Félix Pyat ! Félix Pyat ! Interruption prolongée.)

— L'orateur, visiblement ému de l'accueil de l'assemblée, reprend :

Citoyens,

Représentant du peuple libre en 48, je serais sans doute fier de le représenter, libre encore, en 69, c'est-à-dire, inassermenté. Mais, c'est assez pour un homme d'avoir eu cette gloire une fois ; et les démocraties, pour vivre, doivent ménager leurs faveurs. (Non ! non ! Félix Pyat !)

Laissez-moi donc me retirer, content d'avoir affirmé le principe de la conscience et laissant à de plus dignes l'honneur de vous représenter.

Paris, en 69, ne peut moins faire qu'en 48.

48 a élevé le peuple à la souveraineté.

48 a élevé le travail au pouvoir.

48 a élevé l'ouvrier à la tribune.

Que 69 en fasse autant.

Et, puisque vous n'avez pas pu me remplacer par mon ami Louis Blanc absent, un dernier hommage au principe, un dernier honneur à de vieux serviteurs comme nous : remplacez-nous par un candidat ouvrier. (Non ! non ! Vive Félix Pyat !)

Vous avez crié : Vive Félix Pyat ! Je crie, moi : Vive la République ! (Longs applaudissements.)

Réunion privée de Charonne, 18 novembre 1869

Président du bureau élu, Ferdinand Gambon

Assesseurs : Gromier et Garraud

LES OUVRIERS

Citoyens,

Après avoir énuméré tout ce qui vous manque en liberté, égalité, fraternité, je vous ai dit : « Nommez des ouvriers. » Je n'avais pas tort ; croyez-en une voix impersonnelle, fidèle aux principes, simple écho de la conscience humaine et de la Révolution française.

Ouvriers, ouvriers de la pensée et de la matière, travailleurs qui ne comptez que sur vous pour vivre, ne comptez que sur vous pour vous représenter. Ni les assermentés, ni même les inassermentés, ne vous rendront votre droit. Prenez-le. Vous êtes le nombre, vous êtes la force, prenez-le! La liberté ne se donne pas, on la prend! (Bravos.)

Et on ne la garde bien que soi-même; autrement, on la perd. Quand la bourgeoisie fit sa révolution, elle ne l'a pas donnée à garder aux nobles... Prenez-la et gardez-la.

Peuple averti en vaut deux. Vos représentants vous ont trompés. Le proverbe anglais dit : « Si un homme me trompe une première fois, c'est sa faute; s'il me trompe deux fois, c'est la mienne. » Mais que dire, après la troisième? (Rires.)

Représentez-vous donc vous-mêmes? Soyez ce que vous êtes : souverains! Il y a deux souverainetés en face : la souveraineté de tous contre celle d'un seul. Monarchie et République.

Il y a deux souverains en lutte : l'un de fait, l'autre de droit; l'un qui détruit, l'autre qui produit. Que le souverain du travail se fasse représenter par des travailleurs! (Vive approbation.)

Concevez-vous les moutons représentés par les chiens du boucher? Non, n'est-ce pas? Plaignez-vous donc d'être tondus, mordus, écorchés et mangés! Sortez de cette innocence de troupeau. Choisissez les meilleurs d'entre vous, et donnez-leur mandat impératif, entendez-vous? (Oui!

oui !) Liez-les, non par un serment au boucher, mais par un contrat au peuple. Qu'ils soient vos commis, non vos maîtres ! Chargez-les de signifier à qui de droit que vous entendez garder votre laine et votre peau. Chargez-les de porter en votre nom la démission aux assermentés, la déchéance au responsable, et de revendiquer votre souveraineté. Vous la reprendrez ensuite comme vous le voudrez.

Un souverain fait ce qu'il veut. Il choisit, démet et commande ses agents à son gré. Sinon, pas de souverain ! Voyez ! Bonaparte est-il le maître de Baroche ou Baroche le maître de Bonaparte ? (Rire général.) Eh bien ! le peuple doit-il être le maître de Gambetta ou Gambetta le maître du peuple ?

Poser la question, c'est la résoudre. Le peuple doit être le maître. (Oui ! oui !) Autrement, le souverain serait le sujet et le commis serait le maître... le monde à l'envers. Retournez-le.

Mais le peuple peut-il se représenter lui-même ? Oui, citoyens, s'il le veut. Son temps est venu. Le dix-neuvième siècle est le siècle du peuple ; 48, la révolution du peuple. L'ère de la vapeur et de l'électricité, du grand progrès humain, est l'ère du peuple ! Au passé, la guerre et le vol, ces deux aristocrates. Le présent, travail et paix, est démocrate. (Bravos.) Au moyen-âge, le règne du prêtre et du noble. Au dix-huitième siècle, celui du bourgeois. Au dix-neuvième enfin, l'avénement du peuple. (Applaudissements.)

Le peuple ! le renouveau, la réserve, le plant

vert et vif! Le barbare qui rajeunit le monde. (Bravos prolongés.)

L'histoire prouve que la mort atteint les classes, les peuples mêmes, comme les individus. Sans parler des peuples du passé, Grèce et Rome, assez forts en leurs temps, voyez, de nos jours, le Turc malade et la Pologne mourante. (Vive émotion.)

Vous n'avez pas été sans remarquer que le forgeron a le bras fort. Pourquoi? Parce que le forgeron exerce son bras. L'exercice fortifie et le travail conserve. Mais, *vice versâ*, le loisir affaiblit et le plaisir détruit. Juste loi de nature qui a fait du travail le droit à la vie et condamné le plaisir à la peine de mort.

Vous n'êtes pas non plus sans voir, de temps à autre, un marchand de Paris, bien portant, bien vivant, en pleine activité et santé, pendant les dix ans qu'il met à faire fortune; puis, un beau jour, vendant son fonds, se retirant des affaires à sa maison de *plaisance*, comme il dit. Alors il prend du ventre ou plutôt le ventre le prend. (Rires.) Et il est mort. J'ai dit là le sort typique de sa classe, de toute classe et de toute existence humaine, nation, famille, individu. Ainsi, la noblesse, qui avait fait fortune par les armes dans la Gaule, s'est aussi retirée des affaires à sa maison de plaisance, et, n'exerçant plus sa force, l'a perdue. La bourgeoisie en est à sa maison de plaisance aussi; et, sinon morte, elle est vieille. Le peuple, seul, est jeune. Le peuple seul, aujourd'hui, travaille et s'exerce. Le peuple seul a la vie, la force, la pensée et l'action, (Oui! Nous le prouverons!) le sens moral et le sens commun, la tête et le cœur, l'esprit de sacrifice et de dévouement. Et, à mesure que la bourgeoisie baisse, il monte de plus en plus dans la vie politique. Exemple :

Qu'est-ce que ces congrès d'ouvriers et ces journaux du travail, posant, traitant toutes les questions sociales dans les deux mondes, de Bâle à New-York ? Qu'est-ce que Bérézowski mourant pour la Pologne? Un ouvrier! (Emotion.) Qu'est-ce que Milano, Pianori, Piéri, mourant pour l'Italie? Des ouvriers! Qu'est-ce que Barrett, Allen, O'Farell mourant pour l'Irlande? Des ouvriers! Qu'est-ce que le président Lincoln mourant pour les esclaves? Un ouvrier! Qu'est-ce que Juarez exécutant un empereur? Un ouvrier!.. (La salle entière retentit d'acclamations qui forcent l'orateur à s'arrêter un instant.)

Ouvriers de Paris... à votre tour!

Qu'est-ce au contraire que ce Prim, venant prendre au Louvre une leçon de Décembre? Qu'est-ce que le professeur lui-même et tous ses agrégés, assermentés à gage? Qu'est-ce que ce sénat, ce corps législatif, ce conseil d'Etat, vous écrasant d'impôts, de service militaire, de services de toutes sortes, doublant vos devoirs, rognant vos droits, comblant votre dette, déshonorant, dépouillant et fusillant le travail, couronnant la banqueroute par la déroute, les *merveilles* de Rome par les trophées du Mexique, et les trophées de Ricamarie par les *merveilles* d'Aubin? Qu'est-ce que tous ces complices, trop fidèles au serment qu'ils ont prêté à l'empire, à l'égoïsme et à la mort?... Sont-ils ouvriers? (Non! Non!)

Pourtant, ils se disent démocrates, hommes du peuple! ouvriers en bâtiment! Et quels chantiers que ces Tuileries, ce Luxembourg et ce Palais-Bourbon! Comme le travail y est représenté et comme il y est fait! Quel édifice ils nous construisent, maître et compagnons! Parlez-moi du maître maçon Rouher, du compagnon du devoir Forcade et de l'apprenti Ollivier! Sans compter l'architecte, encore tout blanc, ou tout rouge du mortier de décembre! (Bravos!)

Cet empire est démocrate à sa façon : eh bien! faites-le aristocrate à la vôtre. Au lieu de la blouse de Ham, faites sortir enfin de l'urne sa majesté le peuple. Remplacez, comme en 48, l'ouvrier Fialin par le duc Nadaud, le canut David par le baron Greppo, le menuisier d'Havrincourt par le marquis Perdiguier, tous les manœuvres du château par les seigneurs du faubourg! (Longs applaudissements.)

Peuple, je te l'ai dit, ne compte que sur toi. La bourgeoisie, ton aînée, qui te doit beaucoup la Révolution dont elle a profité seule, peut encore, si elle veut, vivre longtemps en vivant avec toi, en partageant avec toi devoirs et droits, en prenant part de ton travail et en te donnant part de son loisir. Tu as des durillons aux mains : elle en a à la conscience! Plus de durillons, tout le monde y gagnera. (Rires et cris : Bravos!) Ce sera justice et salut. La bourgeoisie aura-t-elle sa nuit du 4 août? Aura-t-elle pour le peuple ce que la noblesse a eu pour elle : des Mirabeau et des Lameth? Je l'en adjure ici, au nom de la Révolution, au nom de la vie même de notre mère commune, la France! au nom de sa vie à elle-même. Je le souhaite. Je l'espère. Enfant de la bourgeoisie, ce m'est une douleur profonde de me sentir vivant sur un tronc qui se meurt s'il ne reprend sève avec vous, pour vivre de votre vie, de votre cause, de votre droit, du droit de la masse libre et inassermentée. (Bravo!)

Les *assermentés!...* Les meilleurs... (Ne valent rien!) Les meilleurs..., ceux de la gauche, tous bourgeois, n'est-ce pas? Ils vous ont tous trompés, je le répète, et c'est fatal : ils se trompent eux-mêmes, ils ont tué leur conscience. Ils suivent tous, forcément, la pente *constitutionnelle* qui mène à la croix d'honneur des Darimon.

En reprendrez-vous d'autres? (Non! non! Félix Pyat!)

Vous n'avez rien à faire dans la constitution du parjure, avec ce pacte de fraude et de force, violé lui-même le 26 octobre. Vous n'avez rien à faire dans les ténèbres du coup d'Etat. Le peuple travaille le jour! (Bravos prolongés.)

Tenez, je vous le demande : Si l'ouvrier nocturne de Décembre vous méprisait assez pour se présenter ici et vous dire à chacun : *Prêtez-moi serment!* que lui répondriez-vous? (Sensation. Cris. — Jamais!) Pourquoi donc alors lui prêter serment au Louvre par votre député? Pourquoi salir deux hommes à la fois, l'électeur et l'élu? Pourquoi flétrir la conscience de la nation entière? Si vous tenez à être homme d'honneur, soyez aussi peuple d'honneur. (Longs applaudissements.)

Perte de sang se répare. Perte d'honneur, jamais!

Tout ce qu'on peut dire de mieux du serment, c'est qu'il est sacrifice.

Nos pères ont sacrifié leur mémoire pour sauver la patrie. Les assermentés sacrifient aussi leur conscience, mais avec cette différence que la patrie est perdue!

Qu'importe qu'il y ait quatre Picard de plus ou de moins dans cette Babel? Qu'avez-vous retiré de cette opposition assermentée depuis vingt ans? Des mots, des phrases, des discours et, en fait et au fond, des trahisons.

Ils viennent tour à tour se brûler à la même chandelle des professions de foi et des programmes, vous étaler, l'un après l'autre, des lambeaux de réforme et des morceaux de progrès, des rogatons libéraux. Passez-moi l'expression : des arlequins. (Rires.) Restes mêlés de tous les festins électoraux, restes desséchés et racornis à force d'être réchauffés et resservis depuis vingt ans par tous les candidats passés et présents. Liberté de ceci, liberté de cela; obligatoire par-ci, gratis par-là! Ces intendants sont bien honnêtes de vous faire ainsi votre part, assez mince, d'ailleurs, et plus à leur goût qu'au vôtre, — de vous servir un menu qui ne vous donnera pas d'indigestion, — de vous découper, avec tout l'art des écuyers tranchants, la Révolution comme une volaille,— vous offrant tête ou pattes et réservant l'aile au maître du serment et de la liste civile. Eh bien! moi, je vous dis sans phrase : on n'est jamais mieux servi que par soi-même. Prenez toute la pièce.

Tous les programmes du monde, toutes les réformes possibles sont contenus dans ce seul mot : *Révolution !* (Acclamations. Cris répétés de : Vive Félix Pyat ! Plus de serment. Vive la République !)

LES PAYSANS

Lettre aux paysans de la 8e circonscription.

Citoyens,

J'ai parlé aux ouvriers. Un mot aux paysans. Paysans et ouvriers sont les deux bras de la France!

Il y a vingt ans, en 49, quand j'avais l'honneur de représenter Paris libre, le 4 février, dans un banquet anniversaire de la révolution du travail, avec notre vin national, ce produit de la grappe, fruit symbolique de l'association, je portais ce toast aux paysans :

« Aux hommes de la glèbe, aux fils du sol, aux plus pauvres, aux plus sobres, aux plus patients et aux plus nombreux de nos frères, aux prolétaires des campagnes, aux paysans!

» Ce nom de paysan que l'aristocratie vous jette comme une injure, est votre titre de noblesse.

» Paysan veut dire homme du pays!

» Et pour trois causes :

» C'est d'abord lui qui soumet la terre et la féconde. Celui qui féconde le pays peut bien s'appeler le paysan.

» C'est encore lui qui est le nourricier des autres, qui produit pain et vin. Celui qui nourrit le pays peut bien s'appeler le paysan.

» C'est enfin lui qui défend le sol, lui qui donne le sang comme la sueur, changeant de fer comme de gerbe, marchant à la frontière, volontaire ou conscrit, et moissonnant l'ennemi comme un blé mûr. Celui qui sauve le pays peut bien s'appeler le paysan! »

Après leur avoir rendu hommage, je leur donnais conseil.

Il s'agissait comme aujourd'hui d'élection. Je leur disais : « Prenez garde! N'allez pas prendre l'ivraie pour le froment et le président de la république pour un républicain. » Je dénonçais le loup sous le berger. Je le montrais comme un *chicot* de monarchie resté dans la chair de la liberté. Il dépend de vous, disais-je, de vos votes, que vous ayez enfin la République, non la République blanche de la rue de Poitiers ou la République noire de l'Élysée, mais la vraie et bonne République du peuple, où vous pourrez vivre, vous et les vôtres, en travaillant; la République d'abondance et de lumière, où vous pourrez vous affranchir de l'ignorance comme de la misère, où vos femmes, instruites et heureuses, auront mieux à lire qu'un almanach, apprendront à leurs fils ces doux mots de liberté, égalité, fraternité, et non ceux si durs d'esclaves, de maîtres, et d'ennemis.

La patrie était encore une fois en danger! L'ennemi était encore à l'Elysée, et par un vote, sans armes, par la seule force du nombre et de l'union dans l'urne, vous deviez sauver la République, la France et l'humanité.

Vous n'avez pas écouté un homme qui sciemment ne vous a jamais trompés. Et pour la peine, je suis parti en exil et vous êtes rentrés en servitude. Lequel vaut le mieux?

Je reviens après vingt ans et je vous retrouve aussi exilés que moi-même, exilés de votre souveraineté... et j'ai encore, hélas! même chose à vous dire : Par un vote et sans armes, vous pouvez reprendre votre droit, si vous le voulez. M'entendrez-vous cette fois? Mais d'abord, voyons ensemble ce que vous avez perdu.

Je suis revenu et j'ai retrouvé la liberté assassinée. Vous étiez libres alors de vous réunir publiquement. Aujourd'hui, vous en êtes réduits aux réunions privées, tolérées pour un temps, comme des récréations d'écoliers, en attendant la cloche et la férule du maître.

Vous aviez le droit de nommer vos maires; le ministre vous les nomme... Bien obligé!

Vous n'aviez qu'un président électif, temporaire, à bon marché relativement, et que vous pouviez du moins changer tous les quatre ans.

Vous avez un empereur dynastique, héréditaire et cher, et, bon ou mauvais, n'importe ! à perpétuité.

Si le valet de ferme ne fait pas votre affaire, vous le congédiez. Mais votre valet d'empire est votre maître, un valet qui vous tue, vous pille et vous tient par le serment.

J'ai retrouvé travail, industrie, commerce, prospérité, tout en baisse comme la liberté, c'est naturel. Oui, tout en baisse, excepté l'impôt.

J'ai retrouvé le budget monté de 1,800 millions, c'était déjà beau, à 2 milliards et demi;

La dette doublée, de 6 milliards à 12 milliards;

La liste civile *quarantuplée,* d'un million à 40 millions ! Ah ! ah ! les 25 fr. de Baudin sont bien vengés !

La police triplée : 7,000 sergents, 600,000 fonctionnaires, 200,000 prêtres !

L'armée élevée de 400,000 à 1,200,000 hommes. Le service augmenté et le budget à l'avenant. L'emprunt progressif. Tout progressant ainsi sur toute la ligne, excepté la population. Femmes et enfants à la charrue, et les hommes aux casernes et aux couvents !

Vous l'avez voulu. C'était bien malheureusement votre empereur, sorti de votre scrutin ! Et dans sa reconnaissance pour vous, il n'a rien eu de plus pressé que de vous le payer en doublant l'impôt et le service militaire, que vous supportez plus que les autres, parce que vous êtes les premiers producteurs, les plus sains et les plus forts.

Cette loi de reconnaissance impériale, cette loi du service militaire peut se résumer en cet article unique :

« Tout Français valide sert pour dix ans. Celui qui ne sert pas dans la garde sert dans la ligne ; celui ne sert pas dans la ligne sert dans la mobile ; celui qui ne sert pas dans la mobile sert dans la réserve ; celui qui ne sert pas dans la réserve sert dans la gendarmerie. Les autres servent la messe. Tous les Français sont nés pour servir. »

Tous, excepté pourtant ceux qui ne peuvent travailler, les infirmes, manchots et boiteux. Alors, ils travaillent pour deux, pour les autres et pour eux.

Après cet impôt du sang qui taxe les dix plus belles années de l'homme, vient l'impôt d'argent, ce protée qui prend toute sorte de formes et de noms pour vous enlacer et vous sucer : direct, indirect, foncier, mobilier, douanes, octrois, timbre, etc. *Où que* ça passe? s'écriait un jour, avec sa contraction berrichonne, un de vous, un paysan de Vierzon. C'est plus aisé à demander qu'à répondre. Ça passe en noces et festins dont vous ne voyez que la fumée, et dont vous payez l'écot. Ça passe en folies, vices et crimes, dont votre honnêteté ne connaît même pas le nom.

Et dire que vous supportez tout cela depuis vingt ans par peur de la Révolution !

Vous, les vrais représentants de la famille, vous vous laissez prendre vos enfants, par peur de la Révolution ! Vous, les modèles de l'économie, vous vous laissez prendre votre argent par peur de la Révolution !

Et que pourrait-elle donc vous prendre, que ne vous ait pris l'empire?

Mais, loin de rien vous prendre, c'est la Révolution qui vous a tout donné. Cette bosselée de terre à quoi vous tenez par toutes les racines de votre cœur, c'est la Révolution qui l'a ôtée aux nobles et aux prêtres, pour vous la distribuer. Cet argent si bien gagné, c'est la Révolution seule qui peut augmenter l'un et l'autre en vous dégrevant de l'impôt, de l'usure, de l'hypothèque, de toutes les taxes et mites qui souillent et rongent votre propriété. Cette Révolution démocratique et sociale qui vous fait tant peur, peut seule vous délivrer de ces parasites, vous assurer à vous et à vos frères ouvriers, victimes comme vous des mêmes abus, le triple droit sans lequel les principes de 89 sont des ombres : le droit entier sur votre produit sans retenue, le droit de produire au moyen du capital, et le droit de produire sans entraves, le droit de faire du sel et du sucre à votre gré. Ténez, je comptais l'autre jour tout ce qui est défendu, et la liste en est longue. Quand on pense qu'il est défendu de faire même du sel!... La poudre, je le comprends encore, on peut tuer les empereurs! Mais on ne les sale pas.

La Révolution peut et doit élever votre sort par la science, améliorer vos outils, vos attelages, vos fumures, vos cultures, compléter la justice qu'elle a commencée pour tous les porte-blouses des villes ou des champs. Grise ou bleue, la blouse est du même coton. Calculez ensemble combien de coton il faut pour faire du drap et votez ensemble! L'ouvrier n'en veut pas plus à votre charrue que vous n'en voulez à son Jacquart. Même cause, même droit, même lutte! Et si vous êtes unis, même victoire!

Or, cette fois encore, je vous le dis comme il y a vingt ans : Par un vote, et sans armes, sans un coup de feu, sans une goutte de sang versé, vous pouvez sauver France et liberté. Je vous ai trouvés en pire état que je ne vous ai laissés, après vingt ans de ce régime d'assermenteur et d'assermentés. Par un seul vote, délivrez-vous! Supprimez le faux serment comme la fausse monnaie. Rétablissez la bonne foi publique et privée. Vos travaux à long terme, vos champs à ciel ouvert, vos biens à la garde de Dieu en ont besoin. Dans votre gros bon sens, vous comprendrez que le maître ne peut pas prêter serment au commis, à un homme faillible et responsable; qu'on ne jure pas fidélité au parjure; qu'enfin l'honneur de vous représenter ne doit pas déshonorer.

Donc, que les honnêtes gens se comptent et nomment un d'eux! Quant à moi, je n'ai prêté serment qu'à vous, et voici comme :

Un jour, un enfant jouait avec sa mère dans le cabinet de son père, un avocat que consultait un pauvre vieux paysan. L'avocat demanda cinq francs pour la consultation. « — Cinq francs! s'écria le pauvre homme; cinq francs pour dix paroles! » Il paya et il sortit consterné. La mère fit signe à l'enfant, sortit avec lui, et, lui donnant cinq francs, elle lui dit : « —Rends cet argent à ce brave homme. Ton habit doit sa laine au coton de sa blouse. Jure que tu n'oublieras pas ça! »

Alors, citoyens, j'ai prêté serment au pauvre souverain du travail. Je suis un honnête homme, je ne peux pas prêter un second serment... et je tiens le premier.

AUX ÉLECTEURS

RÉPONSE A UNE DEMANDE

Les électeurs *à conscience* de la 4e circonscription me font l'honneur de me demander s'ils doivent, au scrutin de ballotage, persister à voter pour Barbès, inassermenté.

Je n'hésite pas à leur répondre : *Oui*.

Ils doivent être demain ce qu'ils étaient hier : les représentants de la vérité.

Ils le doivent plus que jamais, maintenant qu'ils ont le recrutement officiel des votes fait à l'Hôtel-de-Ville.

3e circonscrip.	— 32,000 votes.	— 1,243 vot. inserm.	
4[e]	—	29,000 —	3,924 —
8[e]	—	32,000 —	5,375 —

C'est-à-dire plus de 10,000 votes inassermentés; plus d'un dixième du total des votes des trois circonscriptions, et dans la huitième particulièrement près d'un cinquième! Chiffres du gouvernement.

Dans la quatrième, la vôtre, plus de 3.000 voix ont donc affirmé le droit de la conscience humaine. Il n'a fallu que cinq cents hommes à Barbès, le 31 mai 1839, pour proclamer la souveraineté du peuple, et mettre en échec le roi Louis-Philippe; huit ans après, le roi était mat et le peuple souverain.

Sur cinq députés de l'opposition, multipliés par trois élections, ont donné cent cinquante-six opposants à la chambre actuelle, combien, par la mathématique ordinaire des révolutions, donneront, je ne dis pas vos trois mille voix, mais les dix mille voix qui ont voté pour la conscience humaine et la souveraineté du peuple dans les trois circonscriptions? Dix mille votes, c'est assez! Vienne une autre élection, ils feront des petits, ils seront un million!

Il ne faut pas tant de levain pour soulever la masse.

La conscience est retrouvée, retrouvée vive sous la couche de gangrène impériale épaissie par vingt années de parjure triomphant, retrouvée intacte, plus saine et plus forte que nous ne craignions, c'est le principal.

Dans le nombre infini d'organes minimes qui composent la tête humaine, imagination, réflexion, mémoire, volonté, etc., la conscience n'a certainement pas une si grande proportion que celle de dix mille voix sur tous les votes des trois circonscriptions, et cependant c'est l'organe directeur. Je le répète : la conscience est retrouvée, elle ne se perdra plus.

Nous avons donc réussi autant qu'il faut et que nous le souhaitions. Nous avons réussi envers et contre tous, envers et contre tout!

Persistons.

Les inassermentés ne se sont point portés candidats : ils ont été portés et n'ont point accepté. Ils ont obstinément dans leurs lettres et discours, proposé à leur place des candidats ouvriers.

Ils se sont contentés de poser le principe, et le principe a été reconnu. Il a été reconnu par son propre éclat; il n'a eu pour lui ni réunions publiques, ni affiches, ni bulletins, ni presse, aucun moyen de publicité. Il a eu tout contre lui. Le pouvoir, atteint dans sa source même, a concentré toute sa force et sa ruse contre l'attaque. Défense de laisser discuter le serment; convocation hâtive des électeurs avant que l'idée pût se propager; toute la presse bourgeoise hostile; la presse radicale divisée. Outre l'obstacle réel, l'obstacle matériel et moral; deux circonscriptions bourgeoises, et l'autre d'une étendue et d'une composition exceptionnelles, comportant douze lieues de circonférence et les deux extrêmes d'opinions : l'ouvrier et le paysan.

De plus, l'opposition sourde ou flagrante des députés sortants, députés assermentés, préférant comme de juste les candidats de même foi, et spécialement, pour la huitième, un vrai philosophe, à la fois député du peuple et assermenté de l'empereur, devant naturellement combattre l'inassermenté qui ne prête serment qu'au peuple souverain, et, au contraire, aider de toute sa légitime influence, un assermenté comme lui, avantagé déjà de son mérite héréditaire, et capable de succéder à son père dans la représentation, comme Eugène Cavaignac a succédé à Godefroy (ce qui nous a valu Juin), comme Napoléon III a succédé à Napoléon Ier (ce qui nous a valu Décembre!)

N'importe! la conscience s'est fait entendre quand même par dix mille voix (ce qui nous vaudra la révolution).

La presse bourgeoise et avocate, y comprise l'impériale *France*, l'autorisée d'hier et l'assermentée d'aujourd'hui, la convive du Palais-Royal, la décorée de toutes croix et la servante de toutes banques, peut en prendre son parti. Elle pourra dire que nous avons l'humeur des battus; elle pourra dire, le lendemain, que nous nous sommes portés, avec la même bonne foi qu'elle a dit, la veille, que nous nous désistions; n'importe! Le succès moral est complet; nous lui laissons provisoirement le succès matériel, que le temps nous rendra. La majorité des électeurs a remis sa cause dans la main des irréconciliables à serment et à demi-serment. Nous nous contentons de la minorité, sachant bien que la majorité ne peut manquer de perdre son procès avec des avocats du sacré-cœur et du parjure comme maître Ollivier, le plus fidèle des assermentés et qui n'en est pas moins un traître.

C'est pourquoi nous attendons, confiant, que la majorité, détrompée du serment en général comme elle l'est en particulier du serment Ollivier, et lasse d'entendre conjuguer à la chambre le verbe « se parjurer » par les honorables, reviendra, tôt ou tard, grossir la minorité des honnêtes gens.

Persistons donc!

Dans cette question, la théorie s'accorde avec la pratique, le principe avec le moyen, le légitime avec le légal, ce qu'on appelle la Loi ayant été violée le 26 octobre, le peuple est rentré de droit dans son pouvoir constituant, s'il avait pu le perdre un seul jour pendant vingt ans.

Les trois objections contre l'idée ont été résolues en fait. C'était, disait-on, une abstention déguisée et une insurrection forcée, enfin un avantage pour les candidats du gouvernement.

Quant aux deux premières objections, contradiction pure! Car si on s'insurge on ne s'abstient pas, et si on s'abstient, on ne s'insurge pas. Elles ne tiennent pas mieux isolément qu'ensemble.

Pour l'insurrection, nul, assermenté ou inassermenté, n'a le peuple dans sa main; et Ledru lui-même, qui a craint de le soulever sans le vouloir, doit savoir qu'il n'a pu le soulever même en le voulant. Le peuple se soulève quand il veut et non quand on veut.

Pour l'abstention, le résultat a prouvé que le vote était un acte réel, palpable et vérifiable, d'une quantité et d'une qualité suffisantes quant à présent.

Pour ce qui est des candidats du gouvernement, ni vu ni connu! Paris est républicain. Nous demandions de plus si Paris avait une conscience. Il nous a répondu dix mille fois!

Qu'avons-nous prétendu? être députés de l'opposition ou de la révolution? servir l'empire avec gages ou le peuple gratis? renier Marat ou César? mourir assassinés (aux Manuel, par les couteaux de bois des arcadiens, ou vivre vrais, francs, libres et souverains?

Nous avons voulu réhabiliter la conscience : elle est réhabilitée. Elle a crié par dix mille voix, et non dans le désert, dans Paris!

La conscience a un son si grêle dans l'homme que, de tout temps, il a fallu le grossir et le répercuter par toutes les terreurs de la foi et de la loi. Que devient la pauvre sonnette au milieu des cloches et des canons du trône et de l'autel? Il faut vivre loin de ce concert céleste et dans l'enfer de l'exil pour la distinguer encore! Nous l'avons entendue là, et nous avons crié ici : Il est temps; pour votre salut, écoutez-là!

L'homme sans la conscience n'a plus rien d'humain, plus rien même de bestial; il est, pour ainsi dire, diabolique : l'abîme sans fond de Milton. C'est avec cette espèce d'hommes qu'on fait les coups d'État et qu'on défait les Républiques.

Et après l'homme, que devient la famille sans la conscience? La famille ne tient que par le contrat, le premier *contrat social* entre deux êtres humains. Où est sa sécurité, sans ce lien? Sans la conscience, l'intérêt et l'égoïsme briseront tous les nœuds de la nature et de la loi, et détruiront la famille, base de la nation. — Quelle sainte famille que celle du maître-parjure! Comme Saint-Cloud fraternise avec Prangins! La démocratie seule défend la famille. Point de conscience, point de concorde!

Que dire enfin du troisième groupe composé de ces deux éléments inférieurs : la famille et l'homme? que dire de la nation? Que deviendra la sécurité des rapports publics et privés, des relations civiles et politiques, des transactions de chaque jour : travail, industrie, commerce, si la conscience manque; si on ne peut plus procéder dans les affaires de la vie qu'un écrit d'une main et un protêt de l'autre, comme bandits au bois avec deux pistolets? Procès et guerre partout, à chaque porte! Rechute en vie sauvage; c'est la mort sociale!

Vous donc, citoyens, qui comprenez une vie plus élevée pour notre France que celle des Calabres; vous qui vivez de la vie nationale; vous qui avez besoin de tenir votre parole et de la faire tenir aux autres; vous qui vivez de produits, d'échanges; vous qui travaillez, vous qui vous mariez (le peuple seul travaille et se marie); vous les vrais et forts éléments de la nation française, qui comprenez que, si l'assise n'est pas fixe, la maison croule, affirmez la conscience : Persistez!

Vos voix représentent le travail dans votre circonscription ouvrière par excellence, la huitième, a donné le plus grand nombre de voix à la conscience humaine. C'est logique.

J'avais donc raison d'annoncer l'avénement du peuple, de dire que la vie politique, maintenant, est là, que le sens moral est là, que l'avenir est là.

La grande bourgeoisie, — je ne dis pas la petite, qui est ouvrière, et qui, Dieu merci! travaille assez pour se conserver, — l'aristocratie bourgeoise, qui seule ne fait rien et jouit de tout, suit fatalement la pente du déclin. Il a fallu deux siècles pour *accomplir* la noblesse qu'elle a remplacée. Il ne lui a fallu que cinquante ans pour s'accomplir elle-même. Le noble, que le haut baron de l'argent a remplacé avait au moins son idéal, tant bien que mal : l'esprit de dévouement. Dévouement juvénile, sans doute, dévouement *à son Dieu, à son roi* et *à sa dame,* mais enfin cet idéal valait mieux que celui du haut bourgeois : l'égoïsme.

L'idéal de la féodalité financière est tout entier dans ce mot de son grand ministre de l'instruction publique, Guizot : « Enrichissez-vous! » Autrement dit : Engraissez-vous! Richesse et graisse. Or, la science répond que la graisse est une perfidie de la santé. La graisse se développe aux dépens de la fibre musculaire et de la fibre nerveuse, c'est-à-dire de la force. Elle aboutit à une dégénérescence mortelle. Richesse comme graisse excluent énergie, exercice, activité, volonté, sentiment, pensée, action, progrès et surtout dévouement. Elle ne veut que repas et repos. Obésité comme fortune précède et précipite vieillesse et mort. Dans la caste et dans l'homme, même loi : le moindre travail importune l'âge, la moindre action l'abat, et le moindre dévouement lui coûte.

La haute bourgeoisie en est là, incapable des moindres devoirs, je ne dis pas ceux de la patrie, je dis même ceux de la famille; tombée qu'elle est, au célibat polygame et corrupteur, à la peur de toute vie collective, au dernier degré de l'être humain : l'égoïsme suicide!

Quand Démosthènes, le premier tribun de l'Attique criait aux bourgeois d'Athènes, égoïstes et jouisseurs aussi : « Retrouvez vos cœurs » et vos bras! Ne voyez-vous pas l'ennemi dans » vos murs? l'ennemi dans l'Agora? le tyran au » Parthenon et le Macédonien dans Athènes? » Ne prêtez pas serment à Philippe! Aux ar- » mes! Reprenez la conscience de Delphes! Re- » prenez la rame de Salamine, la pique de Ma- « rathon et le dévouement des Termopyles! » Hélas! c'est comme s'il eût dit : Vieillards, soyez jeunes! Morts, soyez vivants! Gras, soyez alertes! Riches, soyez dévoués!

Ils ne l'entendirent pas, et tout fut dit des bourgeois athéniens et d'Athènes avec eux.

Ils n'avaient sous eux qu'un troupeau d'Ilotes!

Heureusement qu'en France, sous cette bourgeoisie athénienne, il y a un peuple, un peuple vivant, un peuple, non d'esclaves, mais d'hommes libres, confiants dans leur droit et leur force, affirmant contre l'égoïsme la conscience, contre le Macédonien la France, contre Philippe la Patrie, et contre l'empire la République !

Ce peuple-là votera pour Barbès.

www.ingramcontent.com/pod-product-compliance
Ingram Content Group UK Ltd.
Pitfield, Milton Keynes, MK11 3LW, UK
UKHW020958180726
13838UKWH00003B/1376